Invasores VEGETALES

Vickie An

✸ Smithsonian

Autora contribuyente

Allison Duarte

Asesores

Gary Krupnick, Ph.D.
Biólogo especialista en ecología y evolución
Departamento de Botánica
National Museum of Natural History

Stephanie Anastasopoulos, M.Ed.
TOSA, Integración de CTRIAM
Distrito Escolar de Solana Beach

Créditos de publicación

Rachelle Cracchiolo, M.S.Ed., *Editora*
Diana Kenney, M.A.Ed., NBCT, *Realizadora de la serie*
Véronique Bos, *Directora creativa*
Caroline Gasca, M.S.Ed., *Gerenta general de contenido*
Smithsonian Science Education Center

Créditos de imágenes: pág.4 John Kaprielian/Science Source; pág.5 (superior) Netsuthep/Shutterstock; pág.7 (superior) Btcpg/Attribution-ShareAlike 3.0 Unported (CC BY-SA 3.0); pág.8 Garry Kinney/Dreamstime; pág.13 (superior derecha) USDA Forest Service; pág.13 (superior izquierda) USDA Forest Service. Foto de Manfred Mielke; pág.15 (superior) Ted Aljibe/AFP/Getty Images; pág.16 (inferior) Tom Gilks/Alamy; págs.18–19 U.S. Forest Service. Foto de Dan Gray; págs.20–21 Blickwinkel/Alamy; pág.23 (inferior izquierda) Bon Appetit/Alamy; pág.25 (superior) Cortesía de Patterson Clark; pág.25 (inferior) Philip Scalia/Alamy; todas las demás imágenes cortesía de iStock y/o Shutterstock.

Library of Congress Cataloging-in-Publication Data

Names: An, Vickie, author.
Title: Invasores vegetales / Vickie An.
Other titles: Plant invaders. Spanish
Description: Huntington Beach, CA : Teacher Created Materials, [2022] | Includes index. | Audience: Grades 4-6 | Summary: "Little green aliens have invaded the planet! No, not space invaders from Mars. These are plant invaders. Sure, they look harmless. But invasive species can wreak havoc on ecosystems. Learn how to slow the invasion and how to restore landscapes to their natural beauty"-- Provided by publisher.
Identifiers: LCCN 2021049667 (print) | LCCN 2021049668 (ebook) | ISBN 9781087644561 (paperback) | ISBN 9781087645032 (epub)
Subjects: LCSH: Invasive plants--Juvenile literature.
Classification: LCC SB613.5 .A5818 2022 (print) | LCC SB613.5 (ebook) | DDC 333.95/33--dc23/eng/20211013
LC record available at https://lccn.loc.gov/2021049667
LC ebook record available at https://lccn.loc.gov/2021049668

Smithsonian

Teacher Created Materials

5301 Oceanus Drive
Huntington Beach, CA 92649-1030
www.tcmpub.com
ISBN 978-1-0876-4456-1

Contenido

Una invasión de seres extraños

Probablemente no lo notes, pero hay **invasores** verdes por todas partes. Ellos viven en nuestros lagos. Hacen su hogar en nuestros parques. Hasta es probable que estén en tu jardín en este mismo momento. Esos intrusos se han apoderado de muchos rincones del planeta. Pero no son invasores extraterrestres... ¡son plantas!

Enemigos a la vista de todos

Normalmente, las plantas son buenas para el planeta. Pero a veces, cuando las plantas no son **nativas** de una región en particular, pueden hacer mucho daño. Algunas de esas plantas se llaman especies invasoras. Una especie invasora es una planta o un animal que se traslada a un lugar nuevo y **se reproduce** rápidamente. A veces llega por accidente. Otras veces, las personas la introducen a propósito.

Las plantas invasoras **prosperan** en su nuevo medioambiente. Se adaptan tan bien que terminan expulsando a otras plantas que crecen allí por naturaleza. Eso puede causar un efecto dominó sobre todo lo demás. Las plantas invasoras pueden destruir medioambientes cercanos. Pueden afectar la **economía**. Hasta pueden afectar la salud de las personas.

hiedra común

La hiedra venenosa es parecida a la hiedra común, pero puede causar un doloroso sarpullido.

Unos trabajadores quitan los lirios acuáticos de un río obstruido en Tailandia.

lirios acuáticos

No todas las plantas que no son nativas son invasoras. Para ser invasoras, las plantas tienen que reproducirse libremente en cantidades que les permiten **imponerse** sobre las poblaciones de plantas nativas.

El avance de las plantas

Las plantas invasoras terminan donde no deberían por distintos motivos. Algunas comienzan siendo plantas decorativas. Una de las malas hierbas más extendidas es la salicaria. Esos bonitos pimpollos vienen de Europa y Asia. Los pobladores llevaron la planta a Estados Unidos a comienzos del siglo XIX. La usaban para darles color a los jardines. También preparaban medicamentos con las flores.

Hoy en día, esas plantas crecen de manera silvestre en la mayoría de los estados. La salicaria prospera en lugares húmedos. Crece rápido y no tiene **depredadores** naturales en América del Norte. Por lo tanto, a medida que se extiende, desplaza a las plantas nativas.

Algunas plantas invasoras son introducidas para resolver un problema. Por ejemplo, en Australia los rancheros introdujeron intencionalmente en sus tierras un tipo de pasto llamado gamba. Esperaban poder usar ese pasto africano como reemplazo de los pastos **forrajeros** nativos. Sin embargo, ahora el gamba se ha apoderado de grandes áreas del país y ha sido declarado una mala hierba. Uno de los problemas de las especies invasoras es que, cuando las personas se dan cuenta de que son dañinas, es demasiado tarde.

Es fácil ver por qué esta salicaria puede **diseminarse** tan rápido. ¡Cada planta adulta puede producir más de dos millones de semillas por año!

pasto gamba
en Australia

Este mapa decorativo muestra una concentración de
salicarias que se extiende desde Asia hasta Estados Unidos.

La madreselva japonesa es otra planta invasora en Estados Unidos. Esta enredadera con flores proviene de Asia y, al igual que la salicaria, se introdujo a comienzos del siglo XIX. Algunas personas la cultivaban como alimento de invierno para animales como los venados.

Los parques y los gobiernos también usan la madreselva para controlar la erosión. La planta ayuda a proteger la capa superior del suelo cuando el tiempo es extremo. La capa superior del suelo es la que tiene más nutrientes. Si el agua se la lleva, no pueden crecer allí plantas nuevas. Por eso, las gruesas enredaderas con sus flores ayudan a mantener la capa superior del suelo en su lugar.

La madreselva crece todo el año, florece en la primavera y produce bayas en el otoño. Prospera en todo tipo de hábitats. A los colibríes les encantan sus flores dulces, y a muchas personas les gusta el néctar, con su sabor a miel. ¿Qué tiene de malo todo eso? En primer lugar, el néctar de las flores no es dañino, pero las bayas pueden ser venenosas. Además, las madreselvas se extienden rápidamente. Trepan por los troncos de los árboles y forman matas densas. Las demás plantas reciben menos luz y menos agua. Con el tiempo, mueren.

Un venado come flores de madreselva.

Las bayas de la madreselva pueden ser venenosas para los seres humanos.

Un colibrí bebe néctar de una flor de madreselva.

CIENCIAS

Florecer más temprano

Las plantas invasoras prosperan porque se adaptan rápidamente. Ese rasgo les da una gran ventaja sobre las plantas nativas. Eso queda muy claro con el cambio climático. Los climas más cálidos crean temporadas de crecimiento más largas. Las plantas invasoras han comenzado a florecer más temprano. Las plantas nativas no han podido adaptarse. La floración temprana les da a las plantas invasoras la oportunidad de absorber más sol, agua y nutrientes. Eso les permite crecer más y, en consecuencia, quedan menos recursos para las plantas nativas.

Alterar la naturaleza

Cuando una planta invasora se instala, puede ser difícil detenerla. Eso puede tener efectos dañinos en los ecosistemas locales. Un ecosistema es una comunidad de plantas y animales que interactúan entre sí y con el medioambiente. Cada ser vivo cumple un rol. Cualquier pequeño cambio puede tener un gran impacto.

Todo está conectado

La polinización es una parte esencial del ciclo de vida de las plantas. Consiste en llevar polen de una planta a otra. Sin ella, las plantas no pueden hacer semillas para reproducirse. Muchas plantas necesitan la ayuda de animales polinizadores. Las abejas, las mariposas, las polillas, las aves, los murciélagos y otros animales silvestres son ejemplos de polinizadores. El polen se les queda pegado cuando se posan en las plantas o se alimentan de ellas. Luego, llevan el polen a otras flores.

Las plantas invasoras pueden alterar ese proceso. Desplazan a sus vecinas nativas. Los animales que comen esas plantas se van o mueren. Por lo tanto, las pocas plantas nativas que quedan pierden sus polinizadores. Eso disminuye sus posibilidades de reproducirse. Las plantas nativas deben competir con las plantas invasoras.

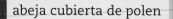

abeja cubierta de polen

10

El polinizador se va a otra flor.

El polen se transfiere al óvulo de una flor.

óvulo

estambre

Un gameto fecundado del óvulo crea semillas y frutos.

El polen de un estambre se pega al polinizador.

Polinización

Las semillas caen al suelo.

Nace una planta nueva de las semillas.

Más de 300 especies frutales dependen de los murciélagos, que realizan la polinización.

La desaparición de las plantas nativas puede ser un gran problema para los animales que las comen. Si pierden su fuente de alimento, los animales pueden comenzar a morir. Y eso puede causar un efecto dominó en la cadena alimenticia. Con el tiempo, toda la red alimenticia podría colapsar.

Las especies invasoras también pueden dañar los ecosistemas al reducir la **biodiversidad**. Hay biodiversidad cuando muchos tipos de animales y plantas viven en el mismo lugar. Las áreas que tienen más diversidad son más saludables. Esos lugares pueden sobrevivir a más **amenazas** que los lugares donde hay menos especies.

Por ejemplo, el arce azucarero puede enfermarse si le hacen un corte. Un hongo invasor comienza a crecer en las heridas y mata a los árboles infectados. Si hay otras especies de árboles, el ecosistema puede sobrevivir. Los animales que viven allí seguirán teniendo un hogar. Pero ¿qué pasa si en un área solo hay arces azucareros? En ese caso, puede perderse el bosque entero debido a la baja biodiversidad.

bosque sin biodiversidad

bosque con biodiversidad

A los insectos no les da lo mismo cualquier cosa que sea verde. Nueve de cada 10 insectos que comen plantas en Estados Unidos solo se alimentan de ciertas especies.

El hongo del arce comienza a extenderse.

El hongo del arce mata al árbol.

Un arce azucarero sano es perforado para extraer jarabe.

Algunas plantas no nativas también pueden aumentar el riesgo de incendios forestales. Los incendios forestales no siempre son dañinos. Por ejemplo, ayudan a los eucaliptos. Para reproducirse, el eucalipto necesita esparcir sus semillas. Pero las semillas están dentro del fruto, que está cubierto por una gruesa capa de **resina**. Las semillas no pueden salir sin la ayuda del fuego. El calor del fuego derrite la resina y permite que salgan las semillas.

Pero casi siempre, los incendios forestales causan mucha destrucción. Algunas plantas invasoras pueden hacer que las llamas alcancen temperaturas más altas. Ese fuego es muy intenso y mata a las plantas nativas. Una de esas especies invasoras es la hierba cogón. Se quema más rápido que los pastos nativos y produce llamas más altas y con más calor. Los incendios forestales pueden ocurrir con más frecuencia cuando esta hierba está presente. Puede ser un peligro para las personas y las edificaciones cercanas.

Después de un incendio, la hierba cogón se recupera más rápido que los pastos nativos. Eso se debe a que el tallo de la planta se encuentra bajo tierra. Aunque se queme la parte de arriba de la planta, las partes que están bajo tierra sobreviven. Las áreas donde han ocurrido incendios recientes ofrecen el medioambiente **ideal** para que la hierba cogón prospere. Desde luego, eso puede ser un gran problema para las plantas nativas.

semillas de eucalipto

Casi la mitad de las especies **en peligro de extinción** de Estados Unidos están en riesgo a causa de las especies invasoras.

Un hombre huye de las llamas que envuelven un techo de hierba cogón.

hierba cogón

En Estados Unidos, las primeras semillas de hierba cogón llegaron de Japón hace unos cien años, dentro de cajones de naranjas. Desde entonces, la hierba cogón se ha extendido lentamente por todo el Sureste

Además de dañar las redes alimenticias y expandir incendios forestales, algunas especies invasoras también obstruyen ríos y canales. Esas plantas flotantes forman una gruesa capa en la superficie del agua. Si nadie las controla, las vías navegables pueden obstruirse, lo que afecta a las personas que dependen de esas fuentes de agua.

Los mantos de lirios acuáticos también atraen insectos. Algunos, como los mosquitos, no pueden reproducirse en ríos y arroyos de corriente rápida. Los lirios acuáticos enlentecen el agua, que se convierte en el lugar perfecto para que los mosquitos pongan sus huevos. Los mosquitos no solo pican. También transmiten enfermedades peligrosas. Si aumentan los mosquitos, aumentan las enfermedades que transmiten.

Unos huevos de mosquito flotan en la superficie de un estanque.

Un trabajador quita lirios acuáticos del lago Victoria.

El crecimiento del lirio acuático también tiene efectos debajo de la superficie. A medida que la planta se extiende, impide el paso de la luz, y las plantas que hay debajo mueren. La descomposición de las plantas muertas elimina el oxígeno del agua. Todos los seres vivos necesitan oxígeno para vivir. Sin oxígeno, mueren los peces y otros animales.

Los bonitos lirios acuáticos pueden ser una amenaza. Como sucede con la mayoría de las especies invasoras, es difícil eliminarlos. Si los cortas en trozos, ¡de cada parte nace una planta nueva!

Estanque limpio

luz solar

luz solar

Estanque obstruido

La gruesa capa de plantas bloquea la luz solar.

Las plantas crecen y los animales están sanos.

Sin oxígeno, los peces mueren.

Sin luz solar, las algas mueren y roban oxígeno.

Sin luz solar y sin oxígeno, las plantas mueren.

MATEMÁTICAS

Predecir invasiones

Combatir las plantas invasoras es costoso. En Estados Unidos, ¡puede superar los $120,000 millones al año! Por suerte, los científicos tienen un plan para ahorrar dinero. Pueden usar los **datos** para predecir cómo se adaptará una nueva especie a un ecosistema. Así, se pueden controlar, o incluso evitar, futuras invasiones.

Cosas que podemos hacer

Afortunadamente, las personas están conociendo más sobre las especies invasoras. ¡Y están haciendo algo al respecto! Una manera de ayudar es unirse a grupos locales que enseñan al público sobre los efectos dañinos de ciertas plantas. Los voluntarios reciben capacitación para identificar las malas hierbas en su comunidad. Sin embargo, esa tarea puede ser difícil. Algunas especies invasoras se parecen mucho a la **flora** nativa. Por eso, ¡es importante prestar mucha atención!

También se puede ayudar aprendiendo a controlar el crecimiento de las plantas invasoras. Eliminarlas no siempre es fácil. A veces, basta con cortarlas. Otras veces, la única manera de deshacerse de ellas es arrancándolas de raíz. Los **herbicidas** también pueden ser útiles en algunos casos. Pero hay que tener cuidado con ese método. Si no se aplica correctamente, se pueden esparcir más semillas.

La lista de plantas invasoras crece día a día. Hay mucho trabajo para hacer. Pero muchas personas están marcando la diferencia en sus vecindarios. Hay voluntarios que arrancan miles de libras de plantas invasoras al mes. En su lugar, plantas especies nativas.

Unos científicos estudian y registran datos sobre una planta invasora.

mora roja nativa de EE. UU.

mora blanca invasora

Un grupo de voluntarios quita una hierba invasora llamada lengua de perro en Raggeds Wilderness, Estados Unidos.

TECNOLOGÍA

Herramientas de todos los días

No siempre necesitas comprar productos químicos o herramientas especiales para eliminar las plantas invasoras. A veces, pueden servirte cosas que tienes en casa. Por ejemplo, algunas personas preparan herbicidas naturales con vinagre. Los jardineros también usan agua hirviendo para matar las malas hierbas. Si esos métodos fallan, trata de sofocar las plantas con una lona negra. La luz solar no puede atravesar la lona, y las malas hierbas que hay debajo mueren.

Muchos gobiernos están tomando medidas para combatir las especies invasoras. Algunos lugares han prohibido la compra y venta de plantas invasoras. Esperan que esas leyes ayuden a controlar su expansión.

Algunos lugares les exigen a los viveros que coloquen carteles junto a las plantas invasoras que venden. Esos carteles les advierten a los clientes sobre los peligros de comprar esas plantas. Aunque se cultiven en jardines privados, las especies invasoras siempre encuentran cómo llegar a la naturaleza. Una de esas maneras es a través de las aves. Las aves pueden comer las plantas e irse volando. Luego, pueden expulsar las semillas sin digerir a millas de distancia.

Otros viveros directamente han dejado de vender plantas invasoras. En cambio, ofrecen a los clientes la opción de comprar plantas nativas para sus jardines.

Algunos expertos dicen que las leyes han llegado tarde. Después de todo, las plantas invasoras ya cubren más de 130 millones de acres en Estados Unidos. ¡Es una superficie del tamaño de los estados de Nueva York y California juntos! La cantidad de tierras afectadas aumenta año tras año. Tal vez sea demasiado tarde, pero tratar de frenar a las especies invasoras sigue siendo un paso en la dirección correcta.

La celidonia menor será muy bonita, pero ¡no la comas! Es venenosa, especialmente cuando sus frutos están maduros.

lirios amarillos invasores en un lago de Alemania

En Maryland, es ilegal comprar geranios brillantes, celidonias menores y lirios amarillos.

Una ardilla trepa por una salicaria.

Una segunda oportunidad

¿Qué sucede con todas esas plantas invasoras que las personas arrancan del suelo? No necesariamente tienen que terminar en la basura. Se han descubierto usos originales y divertidos para ellas. Esas ideas van desde cocinarlas hasta convertirlas en obras de arte.

Siempre nos dicen que tenemos que comer más verduras. Probablemente en tu plato suele haber verduras como brócoli, judías verdes y zanahorias. Pero ¿alguna vez has oído a alguien decir "cómete toda la hierba nudosa"? La respuesta probablemente es "no".

La hierba nudosa japonesa es una planta invasora común proveniente del este de Asia. A la mayoría de los jardineros estadounidenses no les gusta esa planta porque se apodera de sus jardines. Pero algunas personas han hallado una deliciosa solución. Toman los tallos jóvenes, los cortan y los pelan, y luego los usan para preparar pasteles. La planta tiene un sabor ácido y una textura crujiente. El sabor es un poco parecido al de las manzanas Granny Smith o el ruibarbo, que también se usan para hacer pasteles. ¡Esa sí que es una dulce solución para un amargo problema!

INGENIERÍA

Construir con enredaderas

Las enredaderas invasivas pueden crecer en todas las direcciones, y no hay dos iguales. Por eso, no suelen ser el primer material en el que piensa la gente cuando quiere diseñar muebles. Pero algunos diseñadores han aceptado el desafío. El truco es tratar a cada tallo como si fuera una pieza de un rompecabezas. Al unir las partes, se puede crear una estructura que es no solo estable, sino también agradable a la vista.

bosque de hierba nudosa japonesa

sopa de hierba nudosa

té de hierba nudosa

La hierba nudosa japonesa no es la única planta que ha encontrado una nueva vida. El kudzu también puede ser útil. Es una planta peligrosa para los ecosistemas nativos porque se descontrola rápidamente. Pero tiene sus beneficios. Con ella, se pueden preparar medicamentos, jalea y jabón. También se pueden tejer canastos resistentes con sus gruesos tallos.

¿Recuerdas los lirios acuáticos? Pueden ser una pesadilla cuando obstruyen las vías navegables. Pero una vez que salen del agua, es otra historia. Los diseñadores los usan para hacer muebles ecológicos. Cosechan las plantas y secan las hojas. Luego, las entretejen para crear diferentes objetos, desde sillas hasta mesitas ratonas.

Algunos artistas también crean papel y tinta con plantas invasoras. Las diferentes plantas se usan para crear papeles con texturas y colores únicos. Por ejemplo, el papel hecho con moras blancas es fuerte y brillante. Con otras plantas, se puede fabricar tinta para usar sobre ese papel brillante.

Las posibilidades son infinitas a la hora de convertir las plantas invasoras en arte. Pero ten cuidado cuando trabajes con las plantas. ¡No querrás empeorar las cosas esparciendo las semillas!

Una mujer teje felpudos con hojas secas de lirios acuáticos.

silla hecha con lirios acuáticos

Crear colores

Patterson Clark es un artista que fabrica tintas con las enredaderas y los arbustos que recoge. Cada planta sirve para crear un color diferente. Clark usa hojas de hiedra para hacer tinta verde. Con los tallos de rosa multiflora hace un color rojo. Y con la corteza del arbusto de madreselva, crea el color aguamarina. Luego, usa las tintas para hacer grabados en el papel que fabrica con moras blancas.

Un hombre vende canastos y pajareros de kudzu hechos a mano.

Detener el avance

El planeta es un lugar más feliz y saludable cuando hay variedad de plantas y animales en él. Pero cuando las especies invasoras se arraigan en un lugar que no es el suyo, alteran el equilibrio de la naturaleza. Afectan a todas las cosas. ¡Eso nos incluye a nosotros! Nuestras reservas de alimento pueden disminuir. La amenaza de incendios forestales y enfermedades podría aumentar. Y eso puede costarles mucho dinero a los gobiernos.

Pero todos podemos ayudar a que la invasión de estos pequeños seres verdes ocurra más lentamente. El primer paso es tomar conciencia. Al aprender más sobre las plantas invasoras, puedes identificarlas en tu comunidad. Una vez que sabes cómo son, puedes aprender a eliminarlas de manera segura. Si todos damos pequeños pasos, podemos ayudar a impedir que las plantas invasoras sigan expandiéndose.

También puedes decidir cultivar plantas nativas en tu jardín. O puedes ofrecerte como voluntario para trabajar con el personal de los parques locales plantando especies nativas en lugares públicos. Así, los polinizadores tendrán algo para comer. Ellos pueden ayudar a esparcir las plantas nativas. Con el tiempo, esas acciones ayudarán a recuperar la belleza natural de los paisajes nativos.

DESAFÍO DE CTIAM

Define el problema

Alrededor de un ecosistema de bosque ha empezado a aparecer una enredadera invasora con flores llamada madreselva. Al apoderarse cada vez más de recursos vitales como la luz solar, el espacio, el agua y los nutrientes, la planta es una amenaza para las especies nativas. Los científicos están eliminando la enredadera, pero quieren usarla para crear sombrillas que las personas puedan usar cuando hace calor. Tu tarea es diseñar y construir un modelo de una sombrilla para dos personas.

Limitaciones: El diseño debe hacerse solamente con materiales vegetales.

Criterios: Tu modelo debe dar sombra a dos personas mientras una de ellas usa un mango para sostener la sombrilla.

Investiga y piensa ideas

¿Por qué las especies invasoras preocupan a los científicos? ¿Cuáles son algunos usos originales y divertidos que se han descubierto para las plantas?

Diseña y construye

Bosqueja tu sombrilla. ¿Qué propósito cumple cada parte? ¿Dónde irá el mango? Construye el modelo.

Prueba y mejora

Pídeles a dos personas que se paren debajo de la sombrilla. Uno de ellos debe sostener la sombrilla por el mango durante al menos un minuto. ¿Funcionó tu sombrilla? ¿Cómo puedes mejorarla? Modifica tu diseño y vuelve a intentarlo.

Reflexiona y comparte

¿Qué descubriste sobre el diseño de tu equipo durante la fase de pruebas? ¿Puedes usar la sombrilla para otra cosa? ¿Cómo modificarías tu sombrilla para que proteja del sol a más personas?

Glosario

amenazas: riesgos o peligros

biodiversidad: la presencia de muchos tipos diferentes de plantas y animales en un medioambiente

datos: hechos que se pueden usar para calcular, razonar o planificar cosas

depredadores: seres que matan y comen otros seres vivos para sobrevivir

diseminarse: esparcirse

economía: el sistema por el cual se hacen, se compran y se venden bienes y servicios en una región en particular

en peligro de extinción: se refiere a un tipo de planta o animal que se ha vuelto poco frecuente y podría desaparecer por completo

erosión: el desgaste producido por cosas como el agua, el viento o los glaciares, que se llevan los materiales

flora: todos los tipos de plantas que viven en un área, una época o un medioambiente determinados

forrajeros: se refiere a los pastos que se usan para alimentar a algunos animales

herbicidas: sustancias químicas que se usan para destruir ciertas plantas

ideal: perfecto para cierta situación, finalidad, cosa o persona

imponerse: ganar, vencer o superar a un rival

invasores: cosas que penetran o se extienden sobre algo de un modo dañino

nativas: que viven o crecen naturalmente en una región en particular

polinización: la acción de transferir polen de una flor a otra, que permite a las plantas producir semillas

prosperan: se desarrollan o crecen bien

resina: una sustancia pegajosa producida por algunos árboles, que puede usarse como cobertura y protección

se reproduce: produce nuevas plantas o animales

Índice

¿Quieres combatir las especies invasoras?
Estos son algunos consejos para empezar.

"Heredé mi pasión por la botánica de mis padres, que también eran botánicos. Comencé con la jardinería, primero cultivando verduras y luego especies exóticas, antes de estudiar botánica y bioquímica en la universidad. Si te encanta estar al aire libre y trabajar en la tierra, la botánica es una gran ciencia para estudiar. Hasta puede llevarte a rincones remotos o inexplorados del planeta".
—*Kenneth Wurdack, investigador botánico*

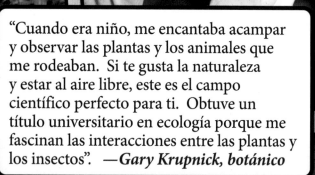

"Cuando era niño, me encantaba acampar y observar las plantas y los animales que me rodeaban. Si te gusta la naturaleza y estar al aire libre, este es el campo científico perfecto para ti. Obtuve un título universitario en ecología porque me fascinan las interacciones entre las plantas y los insectos". —*Gary Krupnick, botánico*